José Martí

Versos sencillos

Barcelona 2024
Linkgua-ediciones.com

Créditos

Título original: Versos sencillos.

© 2024, Red ediciones S.L.

e-mail: info@linkgua.com

Diseño de la colección: Michel Mallard.

ISBN rústica ilustrada: 978-84-9897-281-8.
ISBN tapa dura: 978-84-1126-681-9.
ISBN ebook: 978-84-9897-508-6.

Cualquier forma de reproducción, distribución, comunicación pública o transformación de esta obra solo puede ser realizada con la autorización de sus titulares, salvo excepción prevista por la ley. Diríjase a CEDRO (Centro Español de Derechos Reprográficos, www.cedro.org) si necesita fotocopiar, escanear o hacer copias digitales de algún fragmento de esta obra.

Sumario

Créditos — 4

Brevísima presentación — 11
    La vida — 11

Versos sencillos — 13

Yo soy un hombre sincero — 15

Yo sé de Egipto y Nigricia, — 19

Odio la máscara y vicio — 21

Yo visitaré anhelante — 23

Si ves un monte de espumas, — 25

Si quieren que de este mundo — 27

Para Aragón, en España, — 29

Yo tengo un amigo muerto — 31

María García Granados — 33

El alma trémula y sola — 35

Yo tengo un paje muy fiel — 39

En el bote iba remando	41
Por donde abunda la malva	43
Yo no puedo olvidar nunca	45
Vino el médico amarillo	47
En el alféizar calado	49
Es rubia: el cabello suelto	51
El alfiler de Eva loca	53
Por tus ojos encendidos	55
Mi amor del aire se azora;	57
Ayer la vi en el salón	59
Estoy en el baile extraño	61
Yo quiero salir del mundo	63
Sé de un pintor atrevido	65
Yo pienso, cuando me alegro	67
Yo que vivo, aunque me he muerto,	69
El enemigo brutal	71
Por la tumba del cortijo	73

La imagen del rey, por ley,	75
El rayo surca, sangriento,	77
Para modelo de un dios	79
En el negro callejón	81
De mi desdicha espantosa	83
¡Penas! ¿Quién osa decir	85
¿Qué importa que tu puñal	87
Ya sé: de carne se puede	89
Aquí está el pecho, mujer,	91
¿Del tirano? Del tirano	93
Cultivo una rosa blanca,	95
Pinta mi amigo el pintor	97
Cuando me vino el honor	99
En el extraño bazar	101
Mucho, señora, daría	103
Tiene el leopardo un abrigo	105
Sueño con claustros de mármol	107

Vierte, corazón, tu pena   109

Libros a la carta   113

Brevísima presentación

La vida

José Martí (La Habana, 1853-Dos Ríos, 1898), Cuba.

Era hijo de Mariano Martí Navarro, valenciano, y Leonor Pérez Cabrera, de Santa Cruz de Tenerife.

Martí empezó su formación en El Colegio de San Anacleto, y luego estudió en la Escuela Municipal de Varones. En 1868 empezó a colaborar en un periódico independentista, lo que provocó su ingreso en prisión y más tarde su destierro a España. Vivió en Madrid y en 1871 publicó *El presidio político en Cuba*, su primer libro en prosa.

En 1873 se fue a Zaragoza y se licenció en derecho, y en filosofía y letras. Al año siguiente viajó a París, donde conoció a personajes como Víctor Hugo y Augusto Bacquerie.

Tras su estancia en Europa vivió dos años en México. Por esa época se casó con Carmen Zayas Bazán, aunque estaba enamorado de María García Granados, fuente de inspiración en sus poemas.

En 1878 regresó a La Habana y tuvo un hijo con Carmen. Un año después fue deportado otra vez a España (1879). Hacia 1880 vivió en Nueva York y organizó la Guerra de Independencia de su país. Fue cónsul de Argentina, Uruguay y Paraguay en esa ciudad norteamericana; dio discursos, escribió artículos y versos, conspiró, fundó el Partido Revolucionario Cubano y redactó sus Bases. En 1895, al iniciarse la Guerra de Independencia, se fue a Cuba y murió en combate.

Los poemas reunidos en los *Versos sencillos*, «escritos como jugando», se inspiran en los paisajes, la música y el pueblo de

Cuba. Y como Martí indica, no solo en el título mismo de este poemario, sino también en la «Dedicatoria»:

> Se imprimen estos versos porque el afecto con que los acogieron, en una noche de poesía y amistad, algunas almas buenas, los ha hecho ya públicos. Y porque amo la sencillez, y creo en la necesidad de poner el sentimiento en formas llanas y sinceras.

Probablemente la extraordinaria espontaneidad de estos poemas haya hecho de *Versos sencillos* la obra más célebre de José Martí.

Versos sencillos

Yo soy un hombre sincero

De donde crece la palma,
Y antes de morirme quiero
Echar mis versos del alma.

Yo vengo de todas partes,
Y hacia todas partes voy:
Arte soy entre las artes,
En los montes, monte soy.

Yo sé los nombres extraños
De las yerbas y las flores,
Y de mortales engaños,
Y de sublimes dolores.

Yo he visto en la noche oscura
Llover sobre mi cabeza
Los rayos de lumbre pura
De la divina belleza.

Alas nacer vi en los hombros
De las mujeres hermosas:
Y salir de los escombros,
Volando las mariposas.

He visto vivir a un hombre
Con el puñal al costado,
Sin decir jamás el nombre
De aquella que lo ha matado.

Rápida, como un reflejo,
Dos veces vi el alma, dos:
Cuando murió el pobre viejo,
Cuando ella me dijo adiós.
Temblé una vez —en la reja,
A la entrada de la viña,—
Cuando la bárbara abeja
Picó en la frente a mi niña.

Gocé una vez, de tal suerte
Que gocé cual nunca: —cuando
La sentencia de mi muerte
Leyó el alcalde llorando.

Oigo un suspiro, a través
De las tierras y la mar,
Y no es un suspiro,— es
Que mi hijo va a despertar.

Si dicen que del joyero
Tome la joya mejor,
Tomo a un amigo sincero
Y pongo a un lado el amor.

Yo he visto al águila herida
Volar al azul sereno,
Y morir en su guarida
La víbora del veneno.

Yo sé bien que cuando el mundo
Cede, lívido, al descanso,
Sobre el silencio profundo

Murmura el arroyo manso.

Yo he puesto la mano osada,
De horror y júbilo yerta,
Sobre la estrella apagada
Que cayó frente a mi puerta.
Oculto en mi pecho bravo
La pena que me lo hiere:
El hijo de un pueblo esclavo
Vive por él, calla y muere.

Todo es hermoso y constante,
Todo es música y razón,
Y todo, como el diamante,
Antes que luz es carbón.

Yo sé que el necio se entierra
Con gran lujo y con gran llanto.
Y que no hay fruta en la tierra
Como la del camposanto.

Callo, y entiendo, y me quito
La pompa del rimador:
Cuelgo de un árbol marchito
Mi muceta de doctor.

Yo sé de Egipto y Nigricia,

Y de Persia y Jenofonte;
Y prefiero la caricia
Del aire fresco del monte.

Yo sé de las historias viejas
Del hombre y de sus rencillas;
Y prefiero las abejas
Volando en las campanillas.

Yo sé del canto del viento
En las ramas vocingleras:
Nadie me diga que miento,
Que lo prefiero de veras.

Yo sé de un gamo aterrado
Que vuelve al redil, y expira,—
Y de un corazón cansado
Que muere oscuro y sin ira.

Odio la máscara y vicio

Del corredor de mi hotel:
Me vuelvo al manso bullicio
De mi monte de laurel.

Con los pobres de la tierra
Quiero yo mi suerte echar:
El arroyo de la sierra
Me complace más que el mar

Dnle al vano el oro tierno
Que arde y brilla en el crisol:
A mí denme el bosque eterno
Cuando rompe en él el Sol.

Yo he visto el oro hecho tierra
Barbullendo en la redoma:
Prefiero estar en la sierra
Cuando vuela una paloma.

Busca el obispo de España
Pilares para su altar;
¡En mi templo, en la montaña,
El álamo es el pilar!

Y la alfombra es puro helecho,
Y los muros abedul,
Y la luz viene del techo
Del techo de cielo azul.

El obispo, por la noche,
Sale, despacio, a cantar:
Monta, callado, en su coche,
Que es la piña de un pinar.

Las jacas de su carroza
Son dos pájaros azules:
Y canta el aire y retoza,
Y cantan los abedules.

Duermo en mi cama de roca
Mi sueño dulce y profundo:
Roza una abeja mi boca
Y crece en mi cuerpo el mundo.

Brillan las grandes molduras
Al fuego de la mañana,
Que tiñe las colgaduras
De rosa, violeta y grana.

El clarín, solo en el monte,
Canta al primer arrebol:
La gasa del horizonte
Prende, de un aliento, el Sol.

¡Díganle al obispo ciego,
Al viejo obispo de España
Que venga, que venga luego,
A mi templo, a la montaña!

Yo visitaré anhelante

Los rincones donde a solas
Estuvimos yo y mi amante
Retozando con las olas.

Solos los dos estuvimos,
Solos, con la compañía
De dos pájaros que vimos
Meterse en la gruta umbría.

Y ella, clavando los ojos,
En la pareja ligera,
Deshizo los lirios rojos
Que le dio la jardinera.

La madreselva olorosa
Cogió con sus manos ella,
Y una madama graciosa,
Y un jazmín como una estrella.

Yo quise, diestro y galán,
Abrirle su quitasol;
Y ella me dijo: «¡Qué afán!
¡Si hoy me gusta ver el Sol!».

«Nunca más altos he visto
Estos nobles robledales:
Aquí debe estar el Cristo,
Porque están las catedrales.»

«Ya sé dónde ha de venir
Mi niña a la comunión;
De blanco la he de vestir
Con un gran sombrero alón.»

Después, del calor al peso,
Entramos por el camino,
Y nos dábamos un beso
En cuanto sonaba un trino.

¡Volveré, cual quien no existe,
Al lago mudo y helado:
Clavaré la quilla triste:
Posaré el remo callado!

Si ves un monte de espumas,

Es mi verso lo que ves:
Mi verso es un monte, y es
Un abanico de plumas.

Mi verso es como un puñal
Que por el puño echa flor:
Mi verso es un surtidor
Que da un agua de coral.

Mi verso es de un verde claro
Y de un carmín encendido:
Mi verso es un ciervo herido
Que busca en el monte amparo.

Mi verso al valiente agrada:
Mi verso, breve y sincero,
Es del vigor del acero
Con que se funde la espada.

Si quieren que de este mundo

Lleve una memoria grata,
Llevaré, padre profundo,
Tu cabellera de plata.

Si quieren, por gran favor,
Que lleve más, llevaré
La copia que hizo el pintor
De la hermana que adoré.

Si quieren que a la otra vida
Me lleve todo un tesoro,
¡Llevo la trenza escondida
Que guardo en mi caja de oro!

Para Aragón, en España,

Tengo yo en mi corazón
Un lugar todo Aragón,
Franco, fiero, fiel, sin saña.

Si quiere un tonto saber
Por qué lo tengo, le digo
Que allí tuve un buen amigo,
Que allí quise a una mujer.

Allá, en la vega florida,
La de la heroica defensa,
Por mantener lo que piensa
Juega la gente la vida.

Y si un alcalde lo aprieta
O lo enoja un rey cazurro,
Calza la manta el baturro
Y muere con su escopeta.

Quiero a la tierra amarilla
Que baña el Ebro lodoso:
Quiero el Pilar azuloso
De Lanuza y de Padilla.

Estimo a quien de un revés
Echa por tierra a un tirano:
Lo estimo, si es un cubano;
Lo estimo, si aragonés.

Amo los patios sombríos
Con escaleras bordadas;
Amo las naves calladas
Y los conventos vacíos.

Amo la tierra florida,
Musulmana o española,
Donde rompió su corola
La poca flor de mi vida.

Yo tengo un amigo muerto

Que suele venirme a ver:
Mi amigo se sienta, y canta;
Canta en voz que ha de doler.

En un ave de dos alas
Bogo por el cielo azul:
Un ala del ave es negra,
Otra de oro Caribú.

El corazón es un loco
Que no sabe de un color:
O es su amor de dos colores,
O dice que no es amor.

Hay una loca más fiera
Que el corazón infeliz:
La que le chupó la sangre
Y se echó luego a reír.

Corazón que lleva rota
El ancla fiel del hogar,
Va como barca perdida,
Que no sabe a dónde va.

En cuanto llega a esta angustia
Rompe el muerto a maldecir:
Le amanso el cráneo: lo acuesto:
Acuesto el muerto a dormir.

María García Granados

La niña de Guatemala

Quiero, a la sombra de un ala,
Contar este cuento en flor:
La niña de Guatemala,
La que se murió de amor.

Eran de lirios los ramos,
Y las orlas de reseda
Y de jazmín: la enterramos
En una caja de seda.

...Ella dio al desmemoriado
Una almohadilla de olor:
Él volvió, volvió casado:
Ella se murió de amor.

Iban cargándola en andas
Obispos y embajadores:
Detrás iba el pueblo en tandas,
Todo cargado de flores.

...Ella, por volverlo a ver,
Salió a verlo al mirador:
Él volvió con su mujer:
Ella se murió de amor.

Como de bronce candente
Al beso de despedida
Era su frente ¡la frente

Que más he amado en mi vida!

...Se entró de tarde en el río,
La sacó muerta el doctor:
Dicen que murió de frío:
Yo sé que murió de amor.

Allí, en la bóveda helada,
La pusieron en dos bancos:
Besé su mano afilada,
Besé sus zapatos blancos.

Callado, al oscurecer,
Me llamó el enterrador:
¡Nunca más he vuelto a ver
A la que murió de amor!

El alma trémula y sola

Padece al anochecer:
Hay baile; vamos a ver
La bailarina española

Han hecho bien en quitar
El banderón de la acera;
Porque si está la bandera,
No sé, yo no puedo entrar.

Ya llega la bailarina:
Soberbia y pálida llega:
¿Cómo dicen que es gallega?
Pues dicen mal: es divina.

Lleva un sombrero torero
Y una capa carmesí:
¡Lo mismo que un alelí
Que se pusiese un sombrero!

Se ve, de paso, la ceja,
Ceja de mora traidora:
Y la mirada, de mora:
Y como nieve la oreja.

Preludian, bajan la luz
Y sale en bata y mantón,
La virgen de la Asunción
Bailando un baile andaluz.

Alza, retando, la frente;
Crúzase al hombro la manta:
En arco el brazo levanta:
Mueve despacio el pie ardiente.

Repica con los tacones
El tablado zalamera,
Como si la tabla fuera
Tablado de corazones.

Y va el convite creciendo
En las llamas de los ojos,
Y el manto de flecos rojos
Se va en el aire meciendo.

Súbito, de un salto arranca:
Húrtase, se quiebra, gira:
Abre en dos la cachemira,
Ofrece la bata blanca.

El cuerpo cede y ondea;
La boca abierta provoca;
Es una rosa la boca:
Lentamente taconea.

Recoge, de un débil giro,
El manto de flecos rojos:
Se va, cerrando los ojos,
Se va, como en un suspiro...

Baila muy bien la española;
Es blanco y rojo el mantón:

¡Vuelve, fosca, a su rincón
El alma trémula y sola!

Yo tengo un paje muy fiel

Que me cuida y que me gruñe,
Y al salir, me limpia y bruñe
Mi corona de laurel.

Yo tengo un paje ejemplar
Que no come, que no duerme,
Y que se acurruca a verme
Trabajar, y sollozar.

Salgo, y el vil se desliza
Y en mi bolsillo aparece;
Vuelvo, y el terco me ofrece
Una taza de ceniza.

Si duermo, al rayar el día
Se sienta junto a mi cama:
Si escribo, sangre derrama
Mi paje en la escribanía.

Mi paje, hombre de respeto,
Al andar castañetea:
Hiela mi paje, y chispea:
Mi paje es un esqueleto.

En el bote iba remando

Por el lago seductor
Con el Sol que era oro puro
Y en el alma más de un Sol.

Y a mis pies vi de repente,
Ofendido del hedor,
Un pez muerto, un pez hediondo
En el bote remador.

Por donde abunda la malva

Y da el camino un rodeo,
Iba un ángel de paseo
Con una cabeza calva.

Del castañar por la zona
La pareja se perdía:
La calva resplandecía
Lo mismo que una corona.

Sonaba el hacha en lo espeso
Y cruzó un ave volando:
Pero no se sabe cuándo
Se dieron el primer beso.

Era rubio el ángel; era
El de la calva radiosa,
Como el tronco a que amorosa
Se prende la enredadera.

Yo no puedo olvidar nunca

La mañanita de otoño
En que le salió un retoño
A la pobre rama trunca.

La mañanita en que, en vano,
Junto a la estufa apagada,
Una niña enamorada
Le tendió al viejo la mano.

Vino el médico amarillo

A darme su medicina,
Con una mano cetrina
Y la otra mano al bolsillo:
¡Yo tengo allá en un rincón
Un médico que no manca
Con una mano muy blanca
Y otra mano al corazón!

Viene, de blusa y casquete,
El grave del repostero,
A preguntarme si quiero
O Málaga o Pajarete:
¡Díganle a la repostera
Que ha tanto tiempo no he visto,
Que me tenga un beso listo
Al entrar la primavera!

En el alféizar calado

De la ventana moruna,
Pálido como la Luna,
Medita un enamorado.

Pálida, en su canapé
De seda tórtola y roja,
Eva, callada, deshoja
Una violeta en el té.

Es rubia: el cabello suelto

Da más luz al ojo moro:
Voy, desde entonces, envuelto
En un torbellino de oro.

La abeja estival que zumba
Más ágil por la flor nueva,
No dice, como antes, «tumba»:
«Eva» dice: todo es «Eva».

Bajo, en lo oscuro, al temido
Raudal de la catarata:
¡Y brilla el iris, tendido
Sobre las hojas de plata!

Miro, ceñudo, la agreste
Pompa del monte irritado:
¡Y en el alma azul celeste
Brota un jacinto rosado!

Voy, por el bosque, a paseo
A la laguna vecina:
Y entre las ramas la veo,
Y por el agua camina.

La serpiente del jardín
Silba, escupe, y se resbala
Por su agujero: el clarín
Me tiende, trinando, el ala.
¡Arpa soy, salterio soy
Donde vibra el Universo:

Vengo del Sol, y al Sol voy:
Soy el amor: soy el verso!

El alfiler de Eva loca

Es hecho del oro oscuro
Que le sacó un hombre puro
Del corazón de una roca.

Un pájaro tentador
Le trajo en el pico ayer
Un relumbrante alfiler
De pasta y de similor.

Eva se prendió al oscuro
Talle el diamante embustero:
Y echó en el alfiletero
El alfiler de oro puro.

Por tus ojos encendidos

Y lo mal puesto de un broche.
Pensé que estuviste anoche
Jugando a juegos prohibidos.

Te odié por vil y alevosa:
Te odié con odio de muerte:
Náusea me daba de verte
Tan villana y tan hermosa.

Y por la esquela que vi
Sin saber cómo ni cuándo.
Sé que estuviste llorando
Toda la noche por mí.

Mi amor del aire se azora;

Eva es rubia, falsa es Eva:
Viene una nube, y se lleva
Mi amor que gime y que llora.

Se lleva mi amor que llora
Esa nube que se va:
Eva me ha sido traidora:
¡Eva me consolará!

Ayer la vi en el salón

De los pintores, y ayer
Detrás de aquella mujer
Se me saltó el corazón.

Sentada en el suelo rudo
Está en el lienzo: dormido
Al pie, el esposo rendido:
Al seno el niño desnudo.

Sobre unas briznas de paja
Se ven mendrugos mondados:
Le cuelga el manto a los lados,
Lo mismo que una mortaja.

No nace en el torvo suelo
Ni una viola, ni una espiga:
¡Muy lejos, la casa amiga,
Muy triste y oscuro el cielo!...

¡Esa es la hermosa mujer
Que me robó el corazón
En el soberbio salón
De los pintores de ayer!

Estoy en el baile extraño

De polaina y casaquín
Que dan, del año hacia el fin,
Los cazadores del año.

Una duquesa violeta
Va con un frac colorado:
Marca un vizconde pintado
El tiempo en la pandereta.

Y pasan las chupas rojas,
Pasan los tules de fuego,
Como delante de un ciego
Pasan volando las hojas.

Yo quiero salir del mundo

Por la puerta natural:
En un carro de hojas verdes
A morir me han de llevar.

No me pongan en lo oscuro
A morir como un traidor:
¡Yo soy bueno, y como bueno
Moriré de cara al Sol!

Sé de un pintor atrevido

Que sale a pintar contento
Sobre la tela del viento
Y la espuma del olvido,

Yo sé de un pintor gigante,
El de divinos colores,
Puesto a pintarle las flores
A una corbeta mercante.

Yo sé de un pobre pintor
Que mira el agua al pintar,—
El agua ronca del mar,—
Con un entrañable amor.

Yo pienso, cuando me alegro

Como un escolar sencillo,
En el canario amarillo,—
¡Que tiene el ojo tan negro!

Yo quiero, cuando me muera,
Sin patria, pero sin amo,
Tener en mi losa un ramo
De flores,— ¡y una bandera!

Yo que vivo, aunque me he muerto,

Soy un gran descubridor,
Porque anoche he descubierto
La medicina de amor.

Cuando al peso de la cruz
El hombre morir resuelve,
Sale a hacer bien, lo hace, y vuelve
Como de un baño de luz.

El enemigo brutal

Nos pone fuego a la casa:
El sable la calle arrasa,
A la Luna tropical.

Pocos salieron ilesos
Del sable del español:
La calle, al salir el Sol,
Era un reguero de sesos.

Pasa, entre balas, un coche:
Entran, llorando, a una muerta:
Llama una mano a la puerta
En lo negro de la noche.

No hay bala que no taladre
El portón: y la mujer
Que llama, me ha dado el ser:
Me viene a buscar mi madre.

A la boca de la muerte,
Los valientes habaneros
Se quitaron los sombreros
Ante la matrona fuerte.

Y después que nos besamos
Como dos locos, me dijo:
«¡Vamos pronto, vamos, hijo:
La niña está sola: vamos!»

Por la tumba del cortijo

Donde está el padre enterrado,
Pasa el hijo, de soldado
Del invasor: pasa el hijo.

El padre, un bravo en la guerra,
Envuelto en su pabellón
Álzase: y de un bofetón
Lo tiende, muerto, por tierra.

El rayo reluce: zumba
El viento por el cortijo:
El padre recoge al hijo,
Y se lo lleva a la tumba.

La imagen del rey, por ley,

Lleva el papel del Estado:
El niño fue fusilado
Por los fusiles del rey.

Festejar el santo es ley
Del rey: y en la fiesta santa
¡La hermana del niño canta
Ante la imagen del rey!

El rayo surca, sangriento,

El lóbrego nubarrón:
Echa el barco, ciento a ciento,
Los negros por el portón.

El viento, fiero, quebraba
Los almácigos copudos;
Andaba la hilera, andaba,
De los esclavos desnudos.

El temporal sacudía
Los barracones henchidos:
Una madre con su cría
Pasaba, dando alaridos.

Rojo, como en el desierto,
Salió el Sol al horizonte:
Y alumbró a un esclavo muerto,
Colgado a un seibo del monte.

Un niño lo vio: tembló
De pasión por los que gimen:
¡Y, al pie del muerto, juró
Lavar con su vida el crimen!

Para modelo de un dios

El pintor lo envió a pedir:
¡Para eso no!, ¡para ir,
Patria, a servirte los dos!

Bien estará en la pintura
El hijo que amo y bendigo:
¡Mejor en la ceja oscura,
Cara a cara al enemigo!

Es rubio, es fuerte, es garzón
De nobleza natural:
¡Hijo, por la luz natal!
¡Hijo, por el pabellón!

Vamos, pues, hijo viril:
Vamos los dos: si yo muero,
Me besas: si tú... ¡prefiero
Verte muerto a verte vil!

En el negro callejón

Donde en tinieblas paseo,
Alzo los ojos, y veo
La iglesia, erguida, a un rincón.

¿Será misterio? ¿Será
Revelación y poder?
¿Será, rodilla, el deber
De postrarse? ¿Qué será?

Tiembla la noche: en la parra
Muerde el gusano el retoño;
Grazna, llamando al otoño,
La hueca y hosca cigarra.

Graznan dos: atento al dúo
Alzo los ojos y veo
Que la iglesia del paseo
Tiene la forma de un búho.

De mi desdicha espantosa

Siento, oh estrellas, que muero:
Yo quiero vivir, yo quiero
Ver a una mujer hermosa.

El cabello, como un casco,
Le corona el rostro bello:
Brilla su negro cabello
Como un sable de Damasco.

¿Aquélla?... Pues pon la hiel
Del mundo entero en un haz,
Y tállala en cuerpo, y ¡haz
Un alma entera de hiel!

¿Esta?... Pues esta infeliz
Lleva escarpines rosados,
Y los labios colorados,
Y la cara de barniz.

El alma lúgubre grita:
«¡Mujer, maldita mujer!»
¡No sé yo quién pueda ser
Entre las dos la maldita!

¡Penas! ¿Quién osa decir

Que tengo yo penas? Luego,
Después del rayo, y del fuego,
Tendré tiempo de sufrir.

Yo sé de un pesar profundo
Entre las penas sin nombres:
¡La esclavitud de los hombres
Es la gran pena del mundo!

Hay montes, y hay que subir
Los montes altos; ¡después
Veremos, alma, quién es
Quien te me ha puesto al morir!

¿Qué importa que tu puñal

Se me clave en el riñón?
¡Tengo mis versos, que son
Más fuertes que tu puñal!

¿Qué importa que este dolor
Seque el mar, y nuble el cielo?
El verso, dulce consuelo,
Nace alado del dolor.

Ya sé: de carne se puede

Hacer una flor: se puede,
Con el poder del cariño,
Hacer un cielo,— ¡y un niño!

De carne se hace también
El alacrán; y también
El gusano de la rosa,
Y la lechuza espantosa.

Aquí está el pecho, mujer,

Que ya sé que lo herirás;
¡Más grande debiera ser,
Para que lo hirieses más!

Porque noto, alma torcida,
Que en mi pecho milagroso,
Mientras más honda la herida,
Es mi canto más hermoso.

¿Del tirano? Del tirano

Di todo, ¡di más!; y clava
Con furia de mano esclava
Sobre su oprobio al tirano.

¿Del error? Pues del error
Di el antro, di las veredas
Oscuras: di cuanto puedas
Del tirano y del error.

¿De mujer? Pues puede ser
Que mueras de su mordida;
¡Pero no empañes tu vida
Diciendo mal de mujer!

Cultivo una rosa blanca,

En julio como en enero,
Para el amigo sincero
Que me da su mano franca.

Y para el cruel que me arranca
El corazón con que vivo,
Cardo ni ortiga cultivo:
Cultivo una rosa blanca.

Pinta mi amigo el pintor

Sus angelones dorados,
En nubes arrodillados,
Con soles alrededor.

Pínteme con sus pinceles
Los angelitos medrosos
Que me trajeron, piadosos,
Sus dos ramos de claveles.

Cuando me vino el honor

De la tierra generosa,
No pensé en Blanca ni en Rosa
Ni en lo grande del favor.

Pensé en el pobre artillero
Que está en la tumba, callado:
Pensé en mi padre, el soldado:
Pensé en mi padre, el obrero.

Cuando llegó la pomposa
Carta, en su noble cubierta,
Pensé en la tumba desierta,
No pensé en Blanca ni en Rosa.

En el extraño bazar

Del amor, junto a la mar,
La perla triste y sin par
Le tocó por suerte a Agar.

Agar, de tanto tenerla
Al pecho, de tanto verla
Agar, llegó a aborrecerla:
Majó, tiró al mar la perla.

Y cuando Agar, venenosa
De inútil furia, y llorosa,
Pidió al mar la perla hermosa,
Dijo la mar borrascosa:

«¿Qué hiciste, torpe, qué hiciste
De la perla que tuviste?
La majaste, me la diste:
Yo guardo la perla triste.»

Mucho, señora, daría

Por tender sobre tu espalda
Tu cabellera bravía,
Tu cabellera de gualda:
Despacio la tendería,
Callado la besaría.

Por sobre la oreja fina
Baja lujoso el cabello,
Lo mismo que una cortina
Que se levanta hacia el cuello.
La oreja es obra divina
De porcelana de China.

Mucho, señora, te diera
Por desenredar el nudo
De tu roja cabellera
Sobre tu cuello desnudo:
Muy despacio la esparciera,
Hilo por hilo la abriera.

Tiene el leopardo un abrigo

En su monte seco y pardo:
Yo tengo más que el leopardo,
Porque tengo un buen amigo.

Duerme, como en un juguete,
La mushma en su cojinete
De arce del Japón: yo digo:
«No hay cojín como un amigo.»

Tiene el conde su abolengo:
Tiene la aurora el mendigo:
Tiene ala el ave: ¡yo tengo
Allá en México un amigo!

Tiene el señor presidente
Un jardín con una fuente,
Y un tesoro en oro y trigo:
Tengo más, tengo un amigo.

Sueño con claustros de mármol

Donde en silencio divino
Los héroes, de pie, reposan:
¡De noche, a la luz del alma,
Hablo con ellos: de noche!
Están en fila: paseo
Entre las filas: las manos
De piedra les beso: abren
Los ojos de piedra: mueven
Los labios de piedra: tiemblan
Las barbas de piedra: empuñan
La espada de piedra: lloran:
¡Vibra la espada en la vaina!
Mudo, les beso la mano.

¡Hablo con ellos, de noche!
Están en fila: paseo
Entre las filas: lloroso
Me abrazo a un mármol: «¡Oh mármol,
Dicen que beben tus hijos
Su propia sangre en las copas
Venenosas de sus dueños!
¡Que hablan la lengua podrida
De sus rufianes! ¡Que comen
Juntos el pan del oprobio,
En la mesa ensangrentada!
¡Que pierden en lengua inútil
El último fuego! ¡Dicen,
Oh mármol, mármol dormido,
Que ya se ha muerto tu raza!».

Échame en tierra de un bote
El héroe que abrazo: me ase
Del cuello: barre la tierra
Con mi cabeza: levanta
El brazo, ¡el brazo le luce
Lo mismo que un Sol!: resuena
La piedra: buscan el cinto
Las manos blancas: ¡del soclo
Saltan los hombres de mármol!

Vierte, corazón, tu pena

Donde no se llegue a ver,
Por soberbia, y por no ser
Motivo de pena ajena.

Yo te quiero, verso amigo,
Porque cuando siento el pecho
Ya muy cargado y deshecho,
Parto la carga contigo.

Tú me sufres, tú aposentas
En tu regazo amoroso,
Todo mi amor doloroso,
Todas mis ansias y afrentas.

Tú, porque yo pueda en calma
Amar y hacer bien, consientes
En enturbiar tus corrientes
Con cuanto me agobia el alma.

Tú, porque yo cruce fiero
La tierra, y sin odio, y puro,
Te arrastras, pálido y duro,
Mi amoroso compañero.

Mi vida así se encamina
Al cielo limpia y serena,
Y tú me cargas mi pena
Con tu paciencia divina.

Y porque mi cruel costumbre

De echarme en ti te desvía
De tu dichosa armonía
Y natural mansedumbre;

Porque mis penas arrojo
Sobre tu seno, y lo azotan,
Y tu corriente alborotan,
Y acá lívido, allá rojo,

Blanco allá como la muerte,
Ora arremetes y ruges,
Ora con el peso crujes
De un dolor más que tú fuerte,

¿Habré, como me aconseja
Un corazón mal nacido,
De dejar en el olvido
A aquel que nunca me deja?

¡Verso, nos hablan de un Dios
Adonde van los difuntos:
Verso, o nos condenan juntos,
O nos salvamos los dos!

Libros a la carta

A la carta es un servicio especializado para
empresas,
librerías,
bibliotecas,
editoriales
y centros de enseñanza;
y permite confeccionar libros que, por su formato y concepción, sirven a los propósitos más específicos de estas instituciones.

Las empresas nos encargan ediciones personalizadas para marketing editorial o para regalos institucionales. Y los interesados solicitan, a título personal, ediciones antiguas, o no disponibles en el mercado; y las acompañan con notas y comentarios críticos.

Las ediciones tienen como apoyo un libro de estilo con todo tipo de referencias sobre los criterios de tratamiento tipográfico aplicados a nuestros libros que puede ser consultado en Linkgua-ediciones.com.

Linkgua edita por encargo diferentes versiones de una misma obra con distintos tratamientos ortotipográficos (actualizaciones de carácter divulgativo de un clásico, o versiones estrictamente fieles a la edición original de referencia).

Este servicio de ediciones a la carta le permitirá, si usted se dedica a la enseñanza, tener una forma de hacer pública su interpretación de un texto y, sobre una versión digitalizada «base», usted podrá introducir interpretaciones del texto fuente. Es un tópico que los profesores denuncien en clase los desmanes de una edición, o vayan comentando errores de interpretación de un texto y esta es una solución útil a esa necesidad del mundo académico.

Asimismo publicamos de manera sistemática, en un mismo catálogo, tesis doctorales y actas de congresos académicos, que son distribuidas a través de nuestra Web.

El servicio de «libros a la carta» funciona de dos formas.

1. Tenemos un fondo de libros digitalizados que usted puede personalizar en tiradas de al menos cinco ejemplares. Estas personalizaciones pueden ser de todo tipo: añadir notas de clase para uso de un grupo de estudiantes, introducir logos corporativos para uso con fines de marketing empresarial, etc. etc.

2. Buscamos libros descatalogados de otras editoriales y los reeditamos en tiradas cortas a petición de un cliente.

www.ingramcontent.com/pod-product-compliance
Lightning Source LLC
Chambersburg PA
CBHW051656040426
42446CB00009B/1166